사진을 붙여주세요

나는 매일매일 말씀 먹고 자라는

303비전 꿈나무

______________________입니다!

마땅히 행할 길을 아이에게 가르치라
그리하면 늙어도 그것을 떠나지 아니하리라

[잠 22:6]

Start children off on the way they should go,
and even when they are old they will not turn from it.

303비전 꿈나무
성경암송노트

303비전성경암송학교 엮음

1단계

규장 • 303비전성경암송학교

어린아이들과 젖먹이들의 입으로 권능을 세우심이여

"주의 대적으로 말미암아 어린아이들과 젖먹이들의 입으로 권능을 세우심이여 이는 원수들과 보복자들을 잠잠하게 하려 하심이니이다" [시 8:2]

303비전 꿈나무들을 위하여 1,2단계, 3,4,5단계로 제작되어 온 303비전 꿈나무 성경암송노트를 새롭게 제작할 수 있게 해주신 하나님께 감사드립니다.

303비전 꿈나무 성경암송노트는 303비전 성경암송학교의 초대교장이신 고 여운학 장로님이 303비전 꿈나무들을 위하여 보기에도 아름답고, 암송하기도 쉽고, 들고 다니기 간편한 암송노트를 만들기 위하여 오래 기도하며 연구하여 얻은 첫 열매입니다.

우리나라의 모든 어린이가 어려서부터 하나님의 말씀을 부지런히 암송하는 훈련을 쌓아서 말씀으로 부요케 하려는 고 여운학 장로님의 기도와 정성으로 맺은 꿈나무 암송노트를 16년 만에 개편 증보판으로 새롭게 제작하게 되었습니다.

말씀을 더욱 사랑하는 아이들로 자라도록 더 많은 사랑과 기도로 제작하였습니다.
'어린아이들과 젖먹이들의 입으로 권능을 세우시는' 하나님께서 우리 자녀들의 마음에 새겨준 말씀을 물맷돌로 사용하셔서 원수들과 보복자들을 잠잠하게 하실 것입니다.
뿐만 아니라 어려서부터 삼가 들은 하나님의 말씀이 우리 자녀들을 세계 모든 민족 위에 뛰어나게 하실 것입니다[신 28:1].

어린 자녀들은 태에서부터 받은 하나님과 부모의 사랑을 말씀 안에서 풍성하게 누릴 수 있도록 이 책을 애착하여 소장하며, 지속 반복할 수 있도록 아름답고 예쁘게 꾸몄습니다.

이 책에는 303비전 성경암송학교 유니게 1,2,3단계의 구절들이 순서대로 기록되어 있습니다.

303비전 꿈나무 모범생, 장학생으로 가득한 세상을 꿈꾸며 모든 부모님은 유니게와 로이스의 마음으로 자녀들이 말씀을 가까이하며 자라도록 이끌어주시기를 바랍니다.

6 오늘 내가 네게 명하는 이 말씀을 너는 마음에 새기고
7 네 자녀에게 부지런히 가르치며 집에 앉았을 때에든지 길을 갈 때에든지
누워 있을 때에든지 일어날 때에든지 이 말씀을 강론할 것이며
8 너는 또 그것을 네 손목에 매어 기호를 삼으며 네 미간에 붙여 표로 삼고
9 또 네 집 문설주와 바깥 문에 기록할지니라
[신 6:6-9]

303비전 성경암송학교 교장
한창수

말씀암송이란 무엇인가?

1. 말씀암송은 말씀이신 하나님을 내 안에 모셔들이는 영적 예배입니다.
   [요 1:1 ; 롬 12:1]

2. 말씀암송은 생명의 성령의 법이 나를 주관하게 하는 순종훈련입니다.
   [롬 8:2]

3. 말씀암송은 성령의 권능을 받기 위한 즐거운 영적 근력 운동입니다.
   [행 1:8]

4. 말씀암송은 하나님을 내 안에 모셔들이기 위한 거룩한 작업이며
   즐거운 수고와 노동입니다. [롬 12:11 ; 시 126:5]

5. 말씀암송은 성령의 검을 갈고 닦기 위한 성도의 영적 무장 행위입니다.
   [엡 6:17]

6. 말씀암송은 성도에게 복을 내려주시기 위한 하나님의 특명입니다.
   [신 28:1-6]

7. 말씀암송은 온유한 자녀를 얻는 말씀암송 태교의 핵심 코스입니다.
   [시 139:13]

8. 말씀암송은 하나님 중심 자녀교육을 위한 부모의 필수 기본 조건입니다.
   [잠 22:6]

9. 말씀암송은 자녀교육을 위하여 부모에게 내리신 하나님의 지상명령입니다.
   [신 6:4-9]

10. 말씀암송은 성도의 마음을 기쁘게 하고 눈을 밝혀주는 영적 보약입니다.
    [시 19:8]

11. 말씀암송은 천국시민권자에게 주어지는 자랑스러운 특권입니다.
[빌 3:20]

12. 말씀암송은 홍수에도 휩쓸리지 않을 믿음의 집 초석을 놓는 작업입니다.
[롬 10:17]

13. 말씀암송은 모든 병을 고쳐주는 만병통치약 '사랑소'의 촉진제입니다.
[막 16:18]

14. 말씀암송은 자신감, 집중력, 자제력, 창의력의 보물창고 만들기입니다.
[시 119:9]

15. 말씀암송은 하나님과의 영적 사귐을 위한 큐티의 필요 조건입니다.
[수 1:8]

16. 말씀암송은 날마다 암송가정예배를 드리기 위한 필수 과정입니다.
[시 128:1-3]

17. 말씀암송은 믿음의 가정을 환하게 밝혀주는 아침 햇살입니다.
[사 60:1-3]

18. 말씀암송은 성령의 아홉 가지 열매를 거두어들이는 추수 작업입니다.
[갈 5:22,23]

19. 말씀암송은 사모하는 마음과 갈급한 심령에게 주시는 하나님의 상급입니다.
[시 107:9]

20. 말씀암송은 주 안에서 새사람으로 태어나게 하는 민족 개조 운동입니다.
[요 3:3 ; 고후 5:17]

303비전 꿈나무 성경암송노트

활용의 지혜

1 매일매일 즐거운 마음으로 가정예배를 드립니다.

매일매일 말씀이신 하나님을 우리의 가정에 모시는 마음으로 즐겁게 가정예배를 드립니다. 말씀을 짧게 끊어 구절마다 색깔을 예쁘게 넣었습니다. 303비전 말씀암송 가정예배 순서를 따라 매일매일 즐거운 마음으로 가정예배를 드려요.

2 꿈송과 맘송을 부르며 암송예배를 시작합니다.

303비전 꿈나무 주제가인 〈303비전 꿈나무송〉과 303비전 성경암송학교 주제가 〈엄마와 함께 암송한 하나님 말씀을〉로 밝고 힘차게 찬송합니다. 힘차고 정겨운 찬송으로 암송의 정서가 온 집안에 흘러넘치게 됩니다. 찬송 후 〈303비전 성경암송 기도문〉으로 함께 기도합니다.

3 말씀암송 구호를 큰소리로 외쳐보아요.

"할렐루야 예수님의 참제자, 주 안에서 항상 기기감찬순, 변나명용 롬팔이팔, 살아계신 하나님의 말씀"을 큰 소리로 외치고 암송을 시작합니다.

4 크게 소리내어 또박또박 말씀을 하니비 암송법으로 낭송합니다.

말씀암송은 말씀을 암기하는 것과 다르게 소리 내어 반복해서 말씀을 낭독, 선포하는 것입니다. 하니비 암송법을 따라 짧게 끊어서 꾸준히 반복하다 보면 어느덧 말씀이 입에 익숙해지는 것을 경험하게 될 것입니다.

하니비 암송법은 꿀을 향하여 날아가는 꿀벌의 반복된 행동에서 착안한 암송 방법입니다. 암송은 반복과 지속이 중요합니다. 반복할수록 꿀송이처럼 달고 오묘한 은혜를 누리게 됩니다.

암송이 진행되는 각 단계마다 여백에 부모가 꿀송이처럼 달고 향긋한 칭찬과 격려의 말을 아낌없이 표현해주세요. 그리고 자녀가 암송하는 모습을 담은 사진이나 예쁜 스티커를 붙여서 부모의 깊은 관심을 보여주세요.

5 손가락을 꼽아가며, 몸을 앞뒤 좌우로 움직이면서 한 절 한 절 암송하면 두뇌 발달에 도 많은 유익이 있습니다.

손과 발은 뇌에서 거리가 가장 먼 신경에 해당합니다. 손가락을 한 절 한 절 꼽고, 몸을 좌우 앞뒤로 움직이며 암송하면 혈액순환과 신경계에 미치는 말씀의 능력을 심어주게 됩니다. 어려서부터 온몸으로 말씀을 암송할 수 있도록 도와주세요.

6 엄마의 아름다운 목소리와 함께 즐겁게 말씀암송 가정예배를 드려요.

자녀는 어릴수록 기억력이 좋아서 장난감을 가지고 놀면서도 엄마가 즐겁게 암송하는 소리를 몇 차례 들으면 웬만한 말씀은 쉽게 암송하는 경우가 많습니다.
그러므로 우격다짐으로 암송을 강요하는 대신, 엄마가 먼저 기쁜 마음으로 소리 높여서 암송을 반복한 다음, 하나비 암송법으로 조금씩 가르치기 시작하면 거부감 없이 쉽게 암송을 하게 될 것입니다.

7 303비전 꿈나무 모범생 & 장학생에 도전해 보아요.

말씀암송은 중도에 쉬지 않고 끝까지 지속해야 하는데 이것이 가장 큰 난제입니다. 이를 위하여 2007년 5월부터 '303비전 꿈나무 모범생 및 으뜸모범생, 장학생' 선발제도를 출범하였습니다. 303비전본부는 소정의 요절을 암송하여 선발된 어린이들을 사명감을 가지고 그 부모님들과 협력하여 지속적으로 암송시킴으로써 그들이 그리스도의 참제자의 자질을 갖추도록 도와줄 것입니다.

8 303비전 왐클럽(Wise Mother's Club)을 만들어 엄마의 거룩한 매임으로 꾸준히 암송할 수 있습니다.

엄마가 혼자서 자녀와 함께 말씀암송을 지속하는 것은 결코 쉬운 일이 아닙니다. 그래서 1,2단계 유니게 과정을 마친 엄마들이 모여 말씀암송의 거룩한 매임을 지속하게 된 303비전 '왐클럽'(Wise Mothers Club: 와이즈마더즈클럽)에 참여하시면 많은 도움을 얻을 수 있습니다.

303비전 사명 선언문

할렐루야! 예수님의 참제자
주 안에서 항상 기기감찬순
변나명용 롬팔이팔!

1. 우리는 303비전으로
다음세대를 준비하는 사명자이다.

2. 우리는 303비전을 위하여
말씀암송 가정예배를 지속한다.

3. 우리는 주 안에서 항상
기기감찬순의 정신을 실천한다.

4. 우리는 역경의 때를 극복하기 위하여
변나명용 롬팔이팔을 기억한다.

5. 우리는 예수님의 참제자로서
주 안에서 즐겨 바보 되고, 기뻐 손해 본다.

6. 우리는 303비전으로 산다.

303비전이란?

30년 x 3세대 성경암송으로 자녀교육의 비전

1. 교육은 100년, 곧 30년을 한 세대로
3세대에 걸쳐 이루어집니다.

2. 암송의 달란트를 받은 어릴 때부터
말씀암송을 체질화시킵니다.

3. 가정과 교회교육의 우선순위를
말씀암송 훈련으로 삼습니다.

4. 말씀암송과 묵상, 적용, 실천으로
말씀의 생활화를 정착시킵니다.

5. 30년 후에는 이렇게 자란 303비전
1세대들이 이 민족을 책임집니다.

6. 30년 후에는 303비전 1세대 선교사가
온 세계로 나가 세계 복음화에 헌신합니다.

7. 60년, 100년 후에는 303비전교육으로 말미암아
이 나라와 온 세계가 하나님의 나라로 바뀔 것입니다.

303비전 꿈나무

모범생 & 장학생 선발

303비전 꿈나무 모범생 선발기준

1단계 100절 : 생후~초등학교 4학년(10세)까지		
연령	선발 기준(해당 암송 구절)	누적구절
생후~초등 1학년 7세	고전 13:1-13* | 신 6:4-9 | 롬 3:23,24 갈 2:20 | 마 7:7-14 | 시 1:1-6* | 시 23:1-6* 시 100:1-5* 총 47절	47절
초등 2학년 8세	마 5:1-16 | 살전 2:13 추가 17절	64절
초등 3학년 9세	요 1:1-18 | 고후 5:17 추가 19절	83절
초등 4학년 10세	요 15:1-17 추가 17절	100절

1·2단계 200절 : 중학교 3학년(15세)까지		
연령	선발 기준(해당 암송 구절)	누적구절
초등 5학년 11세	창 1:1 | 출 20:1-11 추가 12절	112절
초등 6학년 12세	출 20:12-21 추가 10절	122절
중학 1학년 13세	신 28:1-6 | 수 1:8,9 | 수 6:1-3 | 시 8:1-9* 창 12:1-4 | 시 150:1-6* 추가 30절	152절
중학 2학년 14세	사 1:18-20 | 사 14:24-27 | 잠 16:1-9 시 107:9 | 잠 8:17 | 합 3:17-19* 추가 21절	173절
중학 3학년 15세	마 7:1-6 | 사 40:27-31* | 렘 33:1-3 마 11:28-30* | 사 41:10 | 행 1:1-8 | 마 6:33 추가 27절	200절

303비전 꿈나무 모범생이 되려면

각 연령에 해당하는 암송구절을 암송해야 합니다.

303비전 꿈나무 으뜸 모범생이 되려면

연령대별 모범생이 암송하는 총구절 2배 이상을 암송해야 합니다.

303비전 꿈나무 장학생이 되려면

303비전 꿈나무 으뜸 모범생으로 성경암송을 1년간 지속해야 합니다.

303비전 꿈나무송 (꿈송)

303비전 꿈나무 주제가

작사 여운학, 2007.
작곡 베토벤, 1824.
새찬송가 64장 〈기뻐하며 경배하세〉 곡

1 말씀으로 천지 만물 아름답게 지으신
하나님의 크신 사랑 보답할길 없어라
영의 양식 말씀먹고 지혜롭게 자라자
새시대를 열어갈 303비전 꿈나무

2 말씀암송 천하무적 전신갑주 입고서
성령의 검 믿음방패 승리하며 살리라
정직하고 성실하게 말씀대로 살리라
하나님의 아들딸 303비전 꿈나무

3 말씀암송 우선순위 우리삶의 푯대라
말씀묵상 적용실천 우리세대 몫이라
말씀으로 승리하는 새시대의 사명자
예수님의 참제자 303비전 꿈나무

4 말씀암송 찬송기도 우리가정 예배로
사랑하는 부모형제 천국가정 이루리
오늘내일 빠짐없는 즐거움의 한시간
씩씩하게 자라갈 303비전 꿈나무

5 성경암송 가르치는 우리교회 학교라
선생님의 모범따라 암송교육 익혀서
우리모두 하나같이 암송모범생이라
의의나라 세워갈 303비전 꿈나무

엄마와 함께 암송한 하나님 말씀을

303비전 성경암송학교 주제가 (맘송)

작사 여운학, 1999.
작곡 P.P 블리스, 1874.
새찬송가 200장 〈달고 오묘한 그 말씀〉 곡

1 엄마와 함께 암송한 하나님 말씀을
내 평생 묵상하면서 내 양식 삼으니
나의 모든 삶이 말씀으로 찼네
복되고도 즐겁도다 묵상의 삶이여
어린시절 외운말씀 영원한 보배라

2 어릴 때 즐겨 암송한 진리의 말씀이
어려울 때나 슬플 때 참된위로 주시고
주의 선하신 뜻을 밝히 보이시네
복되고도 즐겁도다 묵상의 삶이여
어린시절 외운말씀 영원한 보배라

3 힘써서 외운 이말씀 생명의 말씀이

믿는자 마음속에서 역사하시도다

신비한 능력의 말씀 내 생명 깨워주시네

복되고도 즐겁도다 묵상의 삶이여

어린시절 외운말씀 영원한 보배라

태교의 노래

작사 여운학, 2005.
작곡 W.H.Donce, 1875.
새찬송가 380장 〈나의 생명 되신 주〉 곡

1 말씀이신 내 주여 주의 사랑 감사합니다
주의 크신 은혜로 주의 자녀 주셨사오니
낮이나 밤이나 주를 찬송하겠네
말씀암송하면서 주의 사랑 찬양합니다

2 진리이신 내주여 주의 은혜 감사합니다
천하보다 더 귀한 태의 생명 받았사오니
이 생명 다하여 주께 충성하겠네
말씀 묵상하면서 주의 은혜 사모합니다

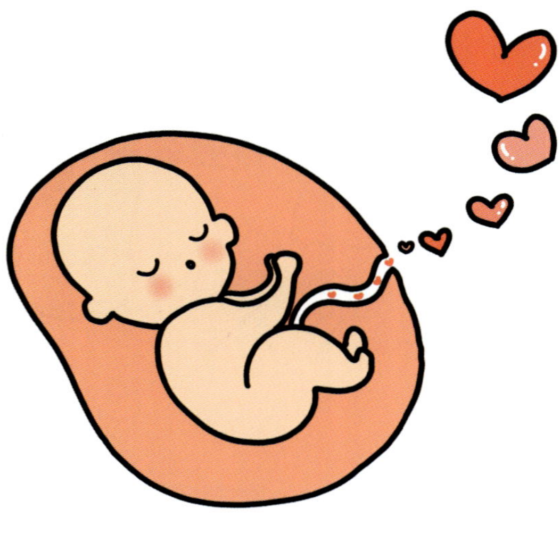

3 영원하신 내 주여 주의 권능 찬양합니다
나의 기도 들으사 귀한 자녀 주셨사오니
온 정성 다하여 주께 서원 갚겠네
말씀 순종하면서 주의 뜻을 이루렵니다

4 세상 모든 사람들 말씀태교 신비모르나
주의 말씀 태교로 빛 된 자녀 품게 하소서
이 영혼 이 가정 주의 도구 삼으사
주의 크신 역사로 신인류를 창조하소서

303비전 꿈나무

성경암송 기도문

하나님 아버지!
변함없는 은혜와 사랑에
감사드립니다.

지금 이 시간
말씀이신 하나님을
제 안에 모셔 들이려고 합니다.

보혜사 성령님!
이 시간 제 마음에
임하여 주세요.

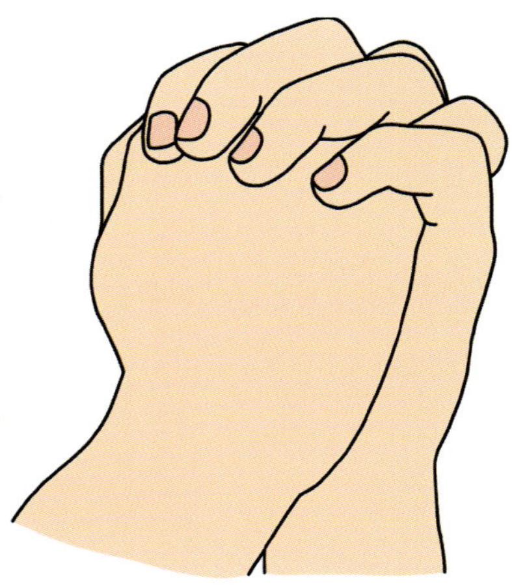

진리의 말씀을

사모하는 마음을 더하여 주시고

날마다 기쁨과 감사함으로

말씀을 암송하게 하시고

새 시대를 열어갈

303비전 꿈나무 가족답게

말씀암송과 기도로 거룩하게 하옵소서.

말씀대로 살게 하사

예수님의 참제자가 되게 하소서.

예수님의 이름으로 기도드립니다.

아멘.

말씀암송 가정예배 순서

A. 준비

1. 경건한 마음으로 예배드리기 위하여 자녀들의 얼굴, 손, 발을 깨끗이 합니다.
2. 깨끗한 잠옷으로 입히고, 내의만 입고 자는 아이들은 깨끗한 내의로 입습니다.
3. 아이들 각자의 꿈나무 암송노트와 일기장을 가지고 예배에 임합니다.

B. 권장사항

1. 자녀가 5세 이상일 경우, 인도를 자녀에게 맡겨도 됩니다.
2. 자녀의 인도가 부족하더라도 칭찬과 격려를 아끼지 마십시오.
3. 설교 대신 함께 큰소리로 암송 또는 읽기를 하십시오.
4. 자녀의 질문이 있을 때에는 질문에 대한 칭찬을 해준 후, 왜 그런 생각을 하게 되었는가를 물어보고 스스로 정답을 찾아가도록 인도합니다.
5. 자녀가 둘 이상일 경우, 서로의 의견을 존중하면서 각자 자기의 의견을 자신있게 표현하도록 합니다.
6. 거룩하신 하나님께 드리는 예배임을 알리고, 장난스럽게 하거나 자세가 흐트러지게 하지 않도록 하되 기쁘고 즐거운 분위기를 이루도록 합니다.
7. 자녀의 자세가 흐트러지고 드러누워 버리게 되더라도 예배를 중단하지 말고 즐거운 마음으로 오직 하나님께만 집중합니다.

C. 예배 순서

1. 꿈나무송(꿈송)과 유니게송(맘송)을 빠른 템포로 힘차고 신나게 부릅니다.
2. 자녀들이 교회학교에서 배운 찬송도 원하면 함께 불러도 됩니다.
3. 암송기도문으로 함께 기도합니다.
4. 오늘의 말씀을 다 같이 암송합니다. 분량이 많아지면 오늘과 내일로 나누어서 암송합니다.
5. 암송하지 못하는 사람은 읽어도 괜찮습니다.
6. 오늘 암송한 말씀의 뜻이나 느낀 점을 나눕니다.
7. 기도제목을 가지고 서로를 위하여 기도합니다.
   자녀는 부모를 위하여, 형제를 위하여, 이웃을 위하여, 교회와 나라를 위하여 기도합니다.
8. 마무리로 부모님이 자녀를 위하여 축복기도를 드립니다.
9. 예배 후 각자 암송일기를 쓰는 것을 습관화합니다.

하니비 암송법이란?

꿀벌(honey-bee)은 꿀을 얻기 위해 이른 아침부터 여러 곳을 날아다닙니다. 그러다가 맛있는 꿀을 발견하면 춤을 춰서 동료들에게 그 정보를 알립니다. 아주 좋은 꿀의 출처를 발견한 정찰 벌은 몇 시간, 혹은 하루종일 쉬지 않고 춤을 춘다고 합니다.

꿀벌의 날갯짓은 1초에 200번을 넘습니다. 단지 공중에 머물러 있기 위해서만도 이 정도 날갯짓을 합니다. 꿀 1킬로그램을 모으기 위해서는 지구 한 바퀴 거리를 비행합니다. 꽃에 앉아 꿀을 빨 때도 가만히 있지 않고 뒷다리로 쉴 새 없이 꽃가루를 모읍니다.

꿀벌이 그 작은 몸으로 몇 킬로미터 밖에 멀리 떨어져 있는 꽃으로 날아가서 꿀을 따오는 방법은 기가 막힐 정도로 과학적입니다.

이를테면, 1킬로미터의 거리를 단번에 날아가는 것이 아니라, 300미터까지 공중으로 날아갔다가 다시 돌아오고, 다시 600미터, 다시 1킬로미터 이런 식으로 거리를 넓혀가며 날아가서 꿀을 딴 후에 돌아옵니다.

이 꿀벌에게서 얻은 암송법이 하니비 암송법입니다.

예를 들어, 요한복음 15장 5절은 약간 길지만, 하니비 암송법으로 암송하면 쉽게 암송할 수 있답니다.

① 나는 포도나무요, 너희는 가지라
그가 내 안에, 내가 그 안에 거하면
② 사람이 열매를 많이 맺나니
③ 나를 떠나서는 너희가 아무것도 할 수 없음이라

먼저 ①을 다섯 번 암송하되 완행열차식으로 천천히 출발하여 급행 열차식으로 빨리 반복 암송하면, 글을 보지 않고도 절로 입에서 술술 나옵니다. 다음은 ②를 그리한 다음, ①②를 붙여서 한꺼번에 다섯 번 반복합니다. 마지막으로, ③을 그리한 다음 ①②③을 단번에 암송하면, 처음에 길게 보이던 말씀을 거뜬히 암송하게 됩니다.

이것이 하니비 암송법입니다.

303비전 꿈나무 1단계

마땅히 행할 길을 아이에게 가르치라
그리하면 늙어도 그것을 떠나지 아니하리라 [잠 22:6]

유치부부터 초등학교 1학년(7세)까지 총 47절

고린도전서 13:1-13*	13절	30p
신명기 6:4-9	6절	36p
로마서 3:23,24	2절	41p
갈라디아서 2:20	1절	44p
마태복음 7:7-14	8절	48p
시편 1:1-6*	6절	53p
시편 23:1-6*	6절	59p
시편 100:1-5*	5절	63p

초등학교 2학년(8세)까지 +17절 = 총 64절

마태복음 5:1-16	16절	68p
데살로니가전서 2:13	1절	75p

초등학교 3학년(9세)까지 +19절 = 총 83절

요한복음 1:1-18	18절	80p
고린도후서 5:17 _87p	1절	87p

초등학교 4학년(10세)까지 +17절 = 총 100절

요한복음 15:1-17	17절	92p

손가락을 꼽으면서
정확하게 암송해 보세요

너는 진리의 말씀을 옳게 분별하며
부끄러울 것이 없는 일꾼으로 인정된 자로
자신을 하나님 앞에 드리기를 힘쓰라

[딤후 2:15]

Do your best to present yourself to God as one approved,
a worker who does not need to be ashamed
and who correctly handles the word of truth.

초등학교 1학년(7세)까지

총 47절

고린도전서 13:1-13* | 신명기 6:4-9 |
로마서 3:23,24 | 갈라디아서 2:20 | 마태복음 7:7-14 |
시편 1:1-6* | 시편 23:1-6* | 시편 100:1-5*

고린도전서 13:1-13*

바울의 사랑장: 사랑이 없으면

1 내가 사람의 방언과 천사의 말을 할지라도
사랑이 없으면 소리 나는 구리와
울리는 꽹과리가 되고

2 내가 예언하는 능력이 있어
모든 비밀과 모든 지식을 알고
또 산을 옮길만한 모든 믿음이 있을지라도
사랑이 없으면 내가 아무것도 아니요

3 내가 내게 있는 모든 것으로 구제하고
또 내 몸을 불사르게 내줄지라도
사랑이 없으면 내게 아무 유익이 없느니라

고린도전서 13:1-13*

바울의 사랑장: 사랑의 15가지 덕목

4 사랑은 오래 참고
사랑은 온유하며 시기하지 아니하며
사랑은 자랑하지 아니하며
교만하지 아니하며

5 무례히 행하지 아니하며
자기의 유익을 구하지 아니하며
성내지 아니하며
악한 것을 생각하지 아니하며

6 불의를 기뻐하지 아니하며
진리와 함께 기뻐하고

7 모든 것을 참으며 모든 것을 믿으며
모든 것을 바라며 모든 것을 견디느니라

8 사랑은 언제까지나 떨어지지 아니하되
예언도 폐하고 방언도 그치고
지식도 폐하리라

고린도전서 13:1-13*

바울의 사랑장: 믿음, 소망, 사랑

9 우리는 부분적으로 알고 부분적으로 예언하니

10 온전한 것이 올 때에는 부분적으로 하던 것이 폐하리라

11 내가 어렸을 때에는
말하는 것이 어린아이와 같고
깨닫는 것이 어린아이와 같고
생각하는 것이 어린아이와 같다가
장성한 사람이 되어서는 어린아이의 일을 버렸노라

12 우리가 지금은 거울로 보는 것같이 희미하나
그 때에는 얼굴과 얼굴을 대하여 볼 것이요
지금은 내가 부분적으로 아나
그 때에는 주께서 나를 아신 것 같이
내가 온전히 알리라

13 그런즉 믿음, 소망, 사랑
이 세 가지는 항상 있을 것인데
그 중의 제일은 사랑이라

고린도전서 13장 전장 1절부터 13절까지의 말씀 아멘

사랑의 덕목, 말씀 쓰기

고린도전서 13장 4절부터 7절까지

엄마와 함께 활동해요

사랑의 덕목 가랜드 만들기

☑ 준비물 check!

- ☐ 색종이
- ☐ 가위
- ☐ 펀치
- ☐ 지끈 또는 굵은실

1. 아이가 좋아하는 색깔의 색종이를 7~8장 선택합니다.
2. 한 색종이에 하트 모양 2개씩을 그립니다.
3. 하트 모양을 오립니다.
4. 하트 모양에 사랑의 덕목을 적습니다.
5. 사랑의 덕목(4~7절)을 암송하면서 지끈이나 굵은 실에 하트 모양을 순서대로 넣어 끼웁니다.
6. 거실이나 아이의 방 잘 보이는 곳에 가랜드를 걸어봅니다.

암송일기

년 월 일

신명기 6:4-9

쉐마 이스라엘

4 이스라엘아 들으라
우리 하나님 여호와는
오직 유일한 여호와이시니

5 너는 마음을 다하고
뜻을 다하고 힘을 다하여
네 하나님 여호와를 사랑하라

6 오늘 내가 네게 명하는 이 말씀을
너는 마음에 새기고

신명기 6:4-9

자녀교육

7 네 자녀에게 부지런히 가르치며
집에 앉았을 때에든지 길을 갈 때에든지
누워 있을 때에든지 일어날 때에든지
이 말씀을 강론할 것이며

8 너는 또 그것을
네 손목에 매어 기호를 삼으며
네 미간에 붙여 표로 삼고

9 또 네 집 문설주와
바깥문에 기록할지니라

신명기 6장 4절부터 9절까지의 말씀 아멘

쉐마 이스라엘, 말씀 쓰기

신명기 6장 4절, 5절

엄마와 함께 활동해요

말씀 문설주 만들기

☑ 준비물 check!

□색도화지 2장 □칼
□풀 또는 글루건 □색종이
□여러 가지 비즈나 단추 모양

1. 색 도화지로 액자 모양을 만듭니다.
2. 액자 겉 테두리는 비즈, 색종이로 꽃 모양이나 하트 모양을 오려서 장식합니다.
3. 액자 모양 안쪽 표지에는 가족이 좋아하는 말씀이나 올해의 말씀을 적습니다.
4. 잘 보이는 벽이나 현관문에 완성된 문설주를 걸어 둡니다.
5. 아침, 저녁으로 말씀 문설주의 말씀을 크게 낭송합니다.

암송일기

년 월 일

로마서 3:23,24

그리스도의 속량

23 모든 사람이 죄를 범하였으매
하나님의 영광에 이르지 못하더니

24 그리스도 예수 안에 있는
속량으로 말미암아
하나님의 은혜로
값없이 의롭다 하심을
얻은 자 되었느니라

로마서 3장 23절, 24절 말씀 아멘

그리스도의 속량, 말씀 쓰기

로마서 3장 23절, 24절

암송일기

년 월 일

갈라디아서 2:20

그리스도와 함께 십자가에 못 박혔나니

20 내가 그리스도와 함께
십자가에 못 박혔나니
그런즉 이제는 내가 사는 것이 아니요
오직 내 안에 그리스도께서 사시는 것이라
이제 내가 육체 가운데 사는 것은
나를 사랑하사 나를 위하여
자기 자신을 버리신
하나님의 아들을 믿는
믿음 안에서 사는 것이라

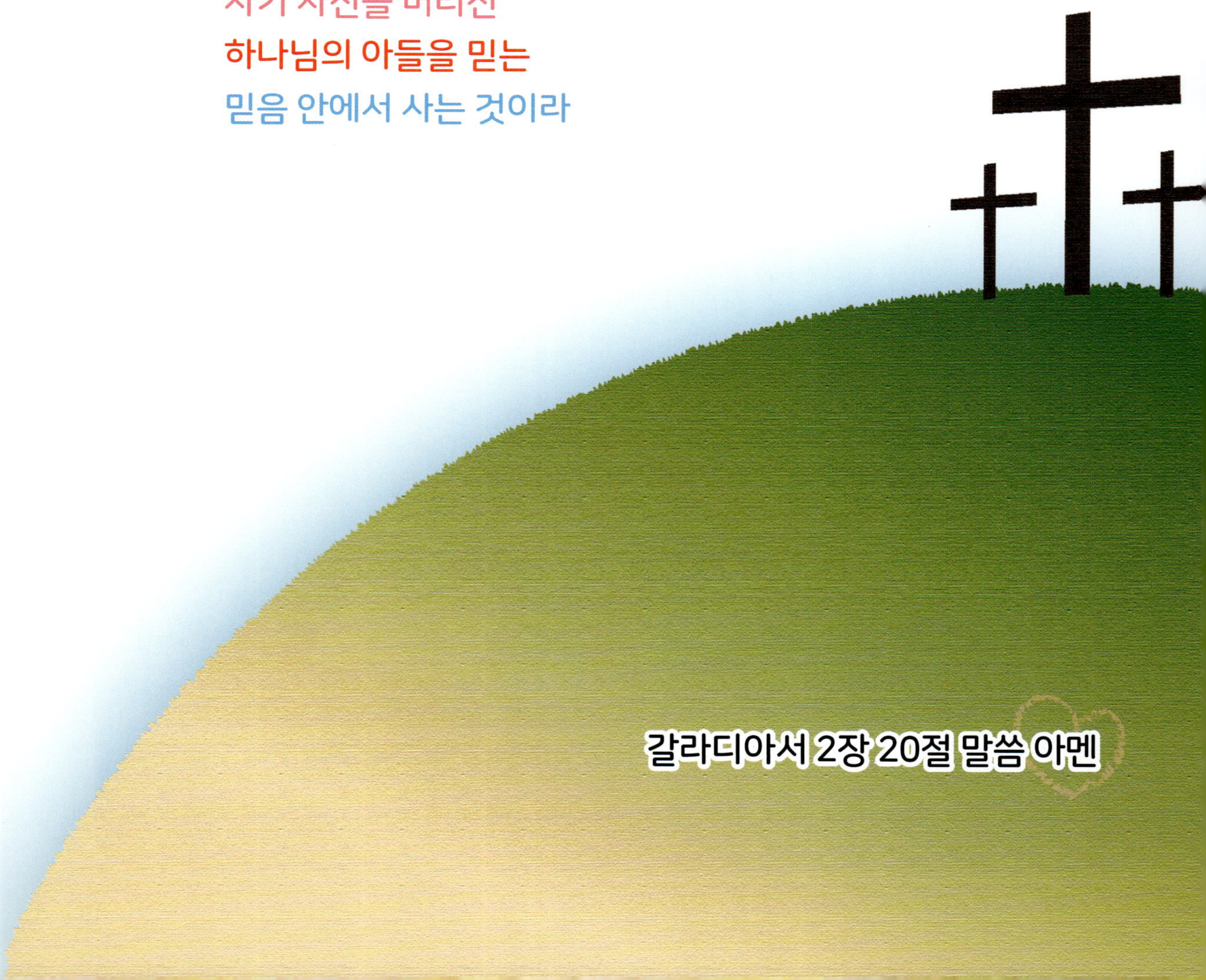

갈라디아서 2장 20절 말씀 아멘

그리스도와 함께, 말씀 쓰기

갈라디아서 2장 20절

엄마와 함께 활동해요

십자가 만들기

1. 십자가 색칠하기

   도화지에 십자가 모양을 그린 후 색칠합니다.
   모자이크 모양으로 색칠하거나, 색종이를 찢어서 붙여 봅니다.

2. 십자가 모양 바느질하기

   펠트지를 준비하여 십자가 모양으로 오립니다.
   십자가 모양 테두리에 바느질 선 표시를 한 후
   홈질로 바느질합니다.
   끝 부분에 구멍을 3cm 정도 남긴후
   솜을 넣어 끝마무리합니다.

3. 십자가 꾸미기

   하드보드에 십자가를 그려 자릅니다.
   십자가 모양에 여러 가지 재료로 장식합니다.

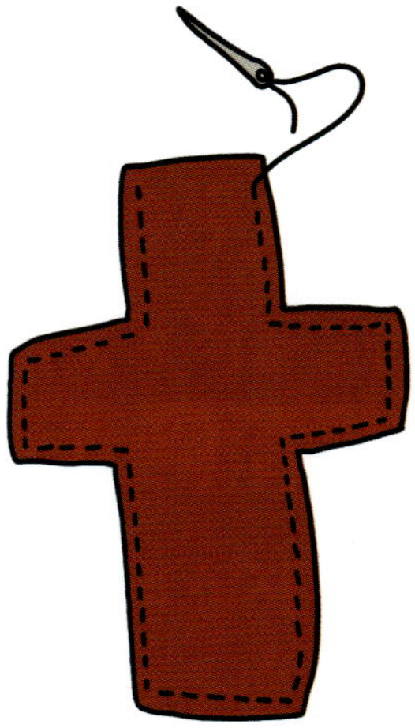

암송일기

년 월 일

마태복음 7:7-14

구하라 주시리라

7 구하라 그리하면 너희에게 주실 것이요
찾으라 그리하면 찾아낼 것이요
문을 두드리라
그리하면 너희에게 열릴 것이니

8 구하는 이마다 받을 것이요
찾는 이는 찾아낼 것이요
두드리는 이에게는 열릴 것이니라

9 너희 중에 누가 아들이
떡을 달라 하는데 돌을 주며

10 생선을 달라 하는데
뱀을 줄 사람이 있겠느냐

마태복음 7:7-14

황금률

11 너희가 악한 자라도
좋은 것으로 자식에게 줄줄 알거든
하물며 하늘에 계신 너희 아버지께서
구하는 자에게 좋은 것으로 주시지 않겠느냐

12 그러므로 무엇이든지
남에게 대접을 받고자 하는 대로
너희도 남을 대접하라
이것이 율법이요 선지자니라

13 좁은 문으로 들어가라
멸망으로 인도하는 문은
크고 그 길이 넓어 그리로 들어가는 자가 많고

14 생명으로 인도하는 문은
좁고 길이 협착하여 찾는 자가 적음이라

마태복음 7장 7절부터 14절까지의 말씀 아멘

황금률, 말씀 쓰기

마태복음 7장 12절부터 14절까지

엄마와 함께 활동해요

기도손 만들기

☑ 준비물 check!

- □ 색종이나 색도화지
- □ 나무젓가락
- □ 연필
- □ 가위
- □ 유리 테이프

1. 색 도화지나 색종이에 자신의 손바닥을 그립니다.
2. 손바닥 모양을 가위로 오립니다.
3. 각 손가락에 '하나님, 감사합니다', '용서해주세요', '도와주세요', '예수님의 이름으로 기도합니다'를 적고, '아멘'은 손바닥에 적습니다.
4. 손바닥 모양을 나무젓가락에 테이프로 붙입니다.
5. 암송 기도문을 할 때 손에 들고 예배를 드립니다.

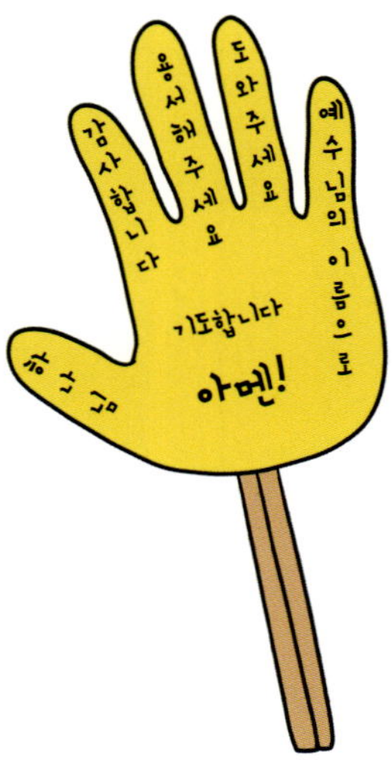

암송일기

년 월 일

시편 1:1-6*

복 있는 사람

1 복 있는 사람은
악인들의 꾀를 따르지 아니하며
죄인들의 길에 서지 아니하며
오만한 자들의 자리에 앉지 아니하고

2 오직 여호와의 율법을 즐거워하여
그의 율법을 주야로 묵상하는도다

3 그는 시냇가에 심은 나무가
철을 따라 열매를 맺으며
그 잎사귀가 마르지 아니함 같으니
그가 하는 모든 일이 다 형통하리로다

시편 1:1-6*

의인들의 길

4 악인들은 그렇지 아니함이여
오직 바람에 나는 겨와 같도다

5 그러므로 악인들은 심판을 견디지 못하며
죄인들이 의인들의 모임에 들지 못하리로다

6 무릇 의인들의 길은
여호와께서 인정하시나
악인들의 길은 망하리로다

시편 1편 전편 1절부터 6절까지의 말씀 아멘

복 있는 사람은, 말씀 쓰기

시편 1편 1절, 2절

재미있는 오행시 짓기!

'행복하여라'로 오행시 지어보아요.

행

복

하

여

라

암송일기

년　　월　　일

말씀 주소 말하기

1. 구절이 전체일 경우: 고린도전서 13:1-13*

고린도전서 13장 전장 1절부터 13절까지의 말씀

2. 구절이 두 절일 경우: 로마서 3:23,24

로마서 3장 23절, 24절 말씀

3. 구절이 여러 절일 경우: 신명기 6:4-9

신명기 6장 4절부터 9절까지의 말씀

4. 시편 구절이 전체일 경우: 시편 1:1-6*

시편 1편 전편 1절부터 6절까지의 말씀

5. 시편 구절이 여러 절일 경우: 시편 103:1-5

시편 103편 1절부터 5절까지의 말씀

시편 23:1-6*

여호와는 나의 목자

1 여호와는 나의 목자시니
내게 부족함이 없으리로다

2 그가 나를 푸른 풀밭에 누이시며
쉴 만한 물가로 인도하시는도다

3 내 영혼을 소생시키시고
자기 이름을 위하여
의의 길로 인도하시는도다

4 내가 사망의 음침한 골짜기로 다닐지라도
해를 두려워하지 않을 것은
주께서 나와 함께하심이라
주의 지팡이와 막대기가 나를 안위하시나이다

시편 23:1-6*

내 잔이 넘치나이다

5 주께서 내 원수의 목전에서
내게 상을 차려 주시고
기름을 내 머리에 부으셨으니
내 잔이 넘치나이다

6 내 평생에 선하심과 인자하심이
반드시 나를 따르리니
내가 여호와의 집에 영원히 살리로다

수건으로
양머리 모양 만들어
가정예배 드려요!

시편 23편 전편 1절부터 6절까지의 말씀 아멘

여호와는 나의 목자, 말씀 쓰기

시편 23편 1절부터 3절까지

암송일기

년 월 일

시편 100:1-5*

온 땅이여 여호와께

1 온 땅이여 여호와께
즐거운 찬송을 부를지어다

2 기쁨으로 여호와를 섬기며 노래하면서
그의 앞에 나아갈지어다

3 여호와가 우리 하나님이신 줄
너희는 알지어다
그는 우리를 지으신 이요 우리는 그의 것이니
그의 백성이요 그의 기르시는 양이로다

4 감사함으로 그의 문에 들어가며
찬송함으로 그의 궁정에 들어가서
그에게 감사하며
그의 이름을 송축할지어다

5 여호와는 선하시니
그의 인자하심이 영원하고
그의 성실하심이 대대에 이르리로다

손뼉치며 선포해요!
시편 100편 속에 '그는, 그의, 그에게'라는 단어가 많아요. '그는, 그의, 그에게'라는 단어마다 손뼉을 두 번 치며 크게 선포해 보아요!

시편 100편 전편 1절부터 5절까지의 말씀 아멘

여호와 우리 하나님, 말씀 쓰기

시편 100편 3절부터 5절까지

암송일기

년 월 일

말씀암송구호를 외치며 선포해요

할렐루야 예수님의 참제자
주 안에서 항상 기기감찬순
변나명용 롬팔이팔
살아계신 하나님의 말씀

고난은
변장하고 오는 하나님의 축복이다.
하나님의 기상나팔소리이다.
하나님의 명품만들기이다.
하나님의 용광로이다.

초등학교 2학년(8세)까지

+ 17절 = 총 64절

마태복음 5:1-16 | 데살로니가전서 2:13

마태복음 5:1-16

산상수훈: 팔복

1 예수께서 무리를 보시고 산에 올라가 앉으시니
제자들이 나아온지라

2 입을 열어 가르쳐 이르시되

3 심령이 가난한 자는 복이 있나니
천국이 그들의 것임이요

4 애통하는 자는 복이 있나니
그들이 위로를 받을 것임이요

5 온유한 자는 복이 있나니
그들이 땅을 기업으로 받을 것임이요

마태복음 5:1-16

산상수훈: 팔복

6 의에 주리고 목마른 자는 복이 있나니
그들이 배부를 것임이요

7 긍휼히 여기는 자는 복이 있나니
그들이 긍휼히 여김을 받을 것임이요

8 마음이 청결한 자는 복이 있나니
그들이 하나님을 볼 것임이요

9 화평하게 하는 자는 복이 있나니
그들이 하나님의 아들이라 일컬음을 받을 것임이요

10 의를 위하여 박해를 받은 자는 복이 있나니
천국이 그들의 것임이라

마태복음 5:1-16

산상수훈: 너희는 세상의 소금

11 나로 말미암아 너희를 욕하고 박해하고
거짓으로 너희를 거슬러 모든 악한 말을 할 때에는
너희에게 복이 있나니

12 기뻐하고 즐거워하라
하늘에서 너희의 상이 큼이라
너희 전에 있던 선지자들도 이같이 박해하였느니라

13 너희는 세상의 소금이니
소금이 만일 그 맛을 잃으면
무엇으로 짜게 하리요
후에는 아무 쓸 데 없어
다만 밖에 버려져
사람에게 밟힐 뿐이니라

마태복음 5:1-16

산상수훈: 너희는 세상의 빛

14 너희는 세상의 빛이라
산 위에 있는 동네가
숨겨지지 못할 것이요

15 사람이 등불을 켜서
말 아래에 두지 아니하고
등경위에 두나니
이러므로 집안 모든 사람에게 비치느니라

16 이같이 너희 빛이 사람 앞에 비치게 하여
그들로 너희 착한 행실을 보고
하늘에 계신 너희 아버지께 영광을 돌리게 하라

마태복음 5장 1절부터 16절까지의 말씀 아멘

팔복, 말씀 쓰기

마태복음 5장 3절부터 10절까지

엄마와 함께 활동해요

팔복짝꿍 찾기

1. 색종이나 포스트잇을 색상별로 준비합니다.
2. 색종이에 '심령이 가난한 자는'과 같이 8복의 앞부분 말씀을 8개의 색종이에 나누어 적습니다.
3. 색종이 한 장에는 '복이 있나니'를 쓰고 예쁘게 꾸며봅니다.
4. 다른 8개의 색종이에 8복의 뒷부분 말씀을 적습니다.
5. 저학년일 경우 8복의 앞부분을 먼저 나열해두고 자녀들이 뒷부분을 순서대로 나열해봅니다.
6. '복이 있나니'를 먼저 중간에 두고 주머니나 상자 안에서 꺼내면서 짝꿍찾기를 하여도 재미있어요.

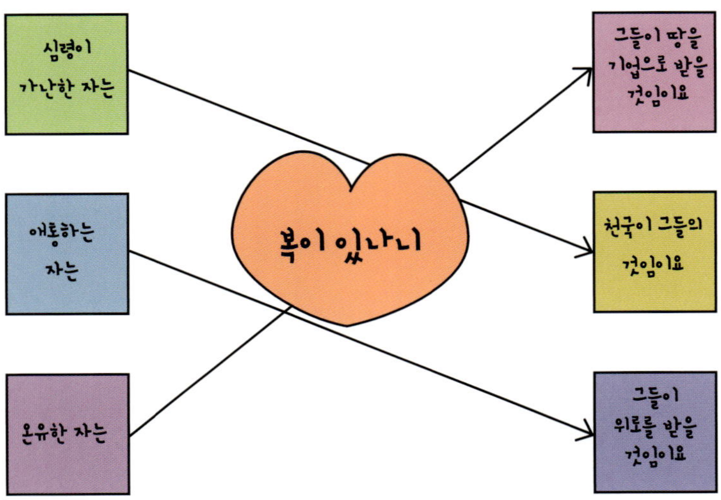

암송일기

년 월 일

데살로니가전서 2:13

역사하시는 말씀

13 이러므로 우리가 하나님께 끊임없이 감사함은
너희가 우리에게 들은 바
하나님의 말씀을 받을 때에
사람의 말로 받지 아니하고
하나님의 말씀으로 받음이니
진실로 그러하도다
이 말씀이 또한 너희 믿는 자 가운데에서 역사하느니라

데살로니가전서 2장 13절 말씀 아멘

역사하시는, 말씀 쓰기

데살로니가전서 2장 13절

하나님께 감사의 제목들을 적어보아요.

암송일기

년 월 일

네 자녀에게 부지런히 가르치며
집에 앉았을 때에든 길을 갈 때에든지
누워 있을 때에든지 일어날 때에든지
이 말씀을 강론할 것이며

[신 6:7]

Impress them on your children.
Talk about them when you sit at home
and when you walk along the road,
when you lie down and when you get up.

초등학교 3학년(9세)까지

+ 19절 = 총 83절

요한복음 1:1-18 | 고린도후서 5:17

요한복음 1:1-18

말씀은 곧 하나님

1 태초에 말씀이 계시니라
이 말씀이 하나님과 함께 계셨으니
이 말씀은 곧 하나님이시니라

2 그가 태초에 하나님과 함께 계셨고

3 만물이 그로 말미암아 지은 바 되었으니
지은 것이 하나도 그가 없이는 된 것이 없느니라

4 그 안에 생명이 있었으니
이 생명은 사람들의 빛이라

5 빛이 어둠에 비치되
어둠이 깨닫지 못하더라

요한복음 1:1-18

참빛으로 오신 예수님

6 하나님께로부터 보내심을
받은 사람이 있으니
그의 이름은 요한이라

7 그가 증언하러 왔으니
곧 빛에 대하여 증언하고
모든 사람이 자기로 말미암아
믿게 하려 함이라

8 그는 이 빛이 아니요
이 빛에 대하여 증언하러 온 자라

9 참빛 곧 세상에서 와서
각 사람에게 비추는 빛이 있었나니

10 그가 세상에 계셨으며
세상은 그로 말미암아 지은 바 되었으되
세상이 그를 알지 못하였고

요한복음 1:1-18

말씀이 육신이 되어

11 자기 땅에 오매
자기 백성이 영접하지 아니하였으나

12 영접하는 자 곧 그 이름을 믿는 자들에게는
하나님의 자녀가 되는 권세를 주셨으니

13 이는 혈통으로나 육정으로나
사람의 뜻으로 나지 아니하고
오직 하나님께로부터 난 자들이니라

14 말씀이 육신이 되어
우리 가운데 거하시매
우리가 그의 영광을 보니
아버지의 독생자의 영광이요
은혜와 진리가 충만하더라

15 요한이 그에 대하여 증언하여 외쳐 이르되
내가 전에 말하기를
내 뒤에 오시는 이가 나보다 앞선 것은
나보다 먼저 계심이라 한 것이
이 사람을 가리킴이라 하니라

요한복음 1:1-18

은혜와 진리로 오신 예수님

16 우리가 다 그의 충만한 데서 받으니
은혜 위에 은혜러라

17 율법은 모세로 말미암아
주어진 것이요
은혜와 진리는 예수 그리스도로
말미암아 온 것이라

18 본래 하나님을 본 사람이 없으되
아버지 품 속에 있는
독생하신 하나님이 나타내셨느니라

요한복음 1장 1절부터 18절까지의 말씀 아멘

말씀이 육신이 되어, 말씀 쓰기

요한복음 1장 12절부터 14절까지

엄마와 함께 활동해요

말씀 빙고 게임

☑ 준비물 check!

□A4용지 □연필 또는 사인펜

□게임을 위한 다과 및 사탕.

1. 먼저 엄마와 함께 말씀 속에 중요한 단어들을 16개 찾습니다.
2. A4용지에 16칸(4X4) 빙고 칸을 만듭니다.
3. 각자 만든 칸에 찾은 단어들을 써넣습니다.
4. 엄마와 돌아가며 자신이 부르고 싶은 단어를 불러가며 5번 빙고를 합니다.
5. 빙고 게임을 한 후 엄마와 달콤한 다과를 먹습니다.

말씀	태초	빛	세상
자녀	은혜	독생자	생명
증언	요한	기도	진리
어둠	율법	육신	충만

암송일기

년 월 일

고린도후서 5:17

새로운 피조물

17 그런즉 누구든지 그리스도 안에 있으면
새로운 피조물이라
이전 것은 지나갔으니
보라 새 것이 되었도다

고린도후서 5장 17절 말씀 아멘

새로운 피조물, 말씀 쓰기

고린도후서 5장 17절

암송일기

년 월 일

하니비 암송법으로 짧게 끊어 반복하여 암송해요

이 율법책을 네 입에서 떠나지 말게 하며
주야로 그것을 묵상하여
그 안에 기록된 대로 다 지켜 행하라
그리하면 네 길이 평탄하게 될 것이며 네가 형통하리라

[수 1:8]

Keep this Book of the Law
alway on your lips, meditate on it day and night,
so that you may be careful to do everything written in it.
Then you will be prosperous and successful.

초등학교 4학년(10세)까지

+ 17절 = 총 100절

요한복음 15:1-17

요한복음 15:1-17

참포도나무이신 예수님

1 나는 참포도나무요
내 아버지는 농부라

2 무릇 내게 붙어 있어
열매를 맺지 아니하는 가지는
아버지께서 그것을 제거해 버리시고
무릇 열매를 맺는 가지는
더 열매를 맺게 하려 하여
그것을 깨끗하게 하시느니라

3 너희는 내가 일러준 말로
이미 깨끗하여졌으니

4 내 안에 거하라 나도 너희 안에 거하리라
가지가 포도나무에 붙어 있지 아니하면
스스로 열매를 맺을 수 없음같이
너희도 내 안에 있지 아니하면 그러하리라

요한복음 15:1-17

예수님은 포도나무, 우리는 가지

5 나는 포도나무요 너희는 가지라
그가 내 안에, 내가 그 안에 거하면
사람이 열매를 많이 맺나니
나를 떠나서는
너희가 아무것도 할 수 없음이라

6 사람이 내 안에 거하지 아니하면
가지처럼 밖에 버려져 마르나니
사람들이 그것을 모아다가 불에 던져 사르느니라

7 너희가 내 안에 거하고 내 말이 너희 안에 거하면
무엇이든지 원하는 대로 구하라 그리하면 이루리라

8 너희가 열매를 많이 맺으면
내 아버지께서 영광을 받으실 것이요
너희는 내 제자가 되리라

요한복음 15:1-17

예수님의 계명

9 아버지께서 나를 사랑하신 것같이
나도 너희를 사랑하였으니
나의 사랑 안에 거하라

10 내가 아버지의 계명을 지켜 그의 사랑 안에 거하는 것같이
너희도 내 계명을 지키면 나의 사랑 안에 거하리라

11 내가 이것을 너희에게 이름은
내 기쁨이 너희 안에 있어
너희 기쁨을 충만하게 하려 함이라

12 내 계명은 곧 내가 너희를 사랑한 것같이
너희도 서로 사랑하라 하는 이것이니라

13 사람이 친구를 위하여 자기 목숨을 버리면
이보다 더 큰 사랑이 없나니

요한복음 15:1-17

서로 사랑하라

14 너희는 내가 명하는 대로 행하면
곧 나의 친구라

15 이제부터는 너희를 종이라 하지 아니하리니
종은 주인이 하는 것을 알지 못함이라
너희를 친구라 하였노니
내가 내 아버지께 들은 것을 다 너희에게 알게 하였음이라

16 너희가 나를 택한 것이 아니요
내가 너희를 택하여 세웠나니
이는 너희로 가서 열매를 맺게 하고
또 너희 열매가 항상 있게 하여
내 이름으로 아버지께 무엇을 구하든지
다 받게 하려 함이라

17 내가 이것을 너희에게 명함은
너희로 서로 사랑하게 하려 함이라

요한복음 15장 1절부터 17절까지의 말씀 아멘

나는 참포도나무, 말씀 쓰기

요한복음 15장 1절, 2절

엄마와 함께 활동해요.

사랑의 열매 나무 꾸미기

☑ 준비물 check!

- ☐ A4용지 또는 도화지
- ☐ 보라색 색종이 또는 색종이
- ☐ 가위 ☐ 풀

1. 도화지나 A4용지에 나무 모양을 그립니다.
   (갈색으로 나무 모양을 만들어 오려 붙여도 돼요.)
2. 나무에 포도송이 혹은 하트 모양을 오려 나무에 붙입니다.
3. 포도송이나 하트 모양에 감사의 제목 또는 사랑의 마음을 적습니다.
4. 활동한 후 가족과 함께 손잡고 사랑과 감사의 제목으로 기도합니다.

암송일기

년 월 일

성경암송훈련 3C

Confidence 자신감

Concentration 집중력

Self-Control 자제력

말씀 한평생

여운학 장로

나는 내 혈관 속에 하나님의 말씀이
흐른다고 말하고 싶습니다.
눈만 뜨면, 그 달고 오묘한 말씀을
먹고 싶어 안달했던 시간이 수없이 많았지요.

비록 마흔이 넘어서 예수님을 구주로 모셔 들였지만,
하루에 세 갑씩 피우던 담배를 끊은 후
집과 직장에서 잠언, 전도서, 시편, 요한복음에 심취해
읽는 것만으로는 성에 차지 않아 우둔해진 머리로
암송하려 몸부림치던 일이 생생하게 떠오릅니다.

말씀을 암송한다는 건 정말 행복한 일입니다.
말씀에 심취해서 암송 묵상을 하다가 잠드는 건
마지막 순간까지 하나님과 영적 대화를 나누다가
하나님 나라로 가는 예행연습이라고 생각합니다.
다른 무엇과도 비교할 수 없는,
다른 무엇에 빼앗길까 두려운 귀하고 복된 시간이지요.

《말씀 한평생》 본문 중

롬팔이팔

한창수 목사

내가 교회에 처음 나가게 된 것은
초등학교 4학년 여름이었다.
“창수야~ 교회 52번 가면 필통 준대이~”
친구가 자전거 타고 골목길을 지나며
우리 집 앞에서 던진 이 한마디가 빛이었다.
그 소리가 크게 내 귓전을 때렸고,
나는 밥 먹다가 숟가락을 던지고
친구의 자전거를 뒤따라 힘껏 달려갔다.
나는 그 길로 52번 교회에 출석했고,
52번 만에 필통을 받았다.
그리고 나서야 비로소 깨달았다.
그 필통이 52주 1년 개근상이었다는 것을,

하지만 그 52주 동안 하나님은
‘내 인생’이라는 천지를 창조하고 계셨다.
흑암이 깊었던 내 인생에 빛을 만드시고
하나님 나라를 만드시고 에덴동산을 만드셨다.
내가 느끼지도 못한 사이에
내 인생과 영혼을 만져주셨다.
하나님의 말씀이 빛으로 내 삶에 심겼고
나를 창조하고 조성하고 계셨다.

《롬팔이팔》 본문 중

말씀암송의 유익

첫째, 하나님과 동행하는 기쁨과 감격 그리고 평안을 누릴 수 있습니다.

둘째, 언제, 어디서 어떤 경우에도 승리의 삶을 살 수 있습니다.

셋째, 어려서부터 말씀암송 습관을 들이면 평생토록 말씀의 인도함을 받으며 자신감, 겸손함, 집중력, 감화력, 창의력, 역동성이 길러집니다.

넷째, 올바른 인격과 말씀의 능력과 지혜를 갖추어 남을 돕는 자, 상담자, 지도자, 목회자의 자질을 기를 수 있습니다.

다섯째, 엄마가 성경암송과 묵상을 생활화하면 부부 관계가 원만해지고, 가정이 화목해집니다.

여섯째, 말씀암송의 좋은 습관이 이어지면 인생을 아름답게 세워나갈 수 있습니다. 말씀을 늘 암송하고 묵상하며 실천하는 사람은 하나님의 사람, 성령의 사람이 될 것입니다.

우리가 알거니와 하나님을 사랑하는 자 곧
그의 뜻대로 부르심을 입은 자들에게는
모든 것이 합력하여 선을 이루느니라

[롬 8:28]

And we know that in all things God works
for the good of those who love him,
who have been called according to his purpose.

303비전 꿈나무 성경암송노트 1단계

초판 1쇄 발행 2024년 8월 5일
초판 2쇄 발행 2025년 3월 24일

엮은이 303비전성경암송학교

펴낸이 여진구
편집 이영주 박소영 최현수 구주은 안수경 김도연 김아진 정아혜
책임디자인 마영애 노지현 조은혜 정은혜
홍보 · 외서 진효지
마케팅 김상순 강성민 마케팅지원 최영배 정나영
제작 조영석 허병용 경영지원 김혜경 김경희

303비전성경암송학교 유니게 과정
이슬비전도학교 / 303비전성경암송학교 / 303비전꿈나무장학회

펴낸곳 규장

주소 06770 서울시 서초구 매헌로 16길 20(양재2동) 규장선교센터
전화 02)578-0003 팩스 02)578-7332
이메일 kyujang0691@gmail.com 홈페이지 www.kyujang.com
페이스북 facebook.com/kyujangbook 인스타그램 instagram.com/kyujang_com
카카오스토리 story.kakao.com/kyujangbook
등록일 1978.8.14. 제1-22

책값 뒤표지에 있습니다.
ISBN 979-11-6504-546-3 03230

규 | 장 | 수 | 칙

1. 기도로 기획하고 기도로 제작한다.
2. 오직 그리스도의 성품을 사모하는 독자가 원하고 필요로 하는 책만을 출판한다.
3. 한 활자 한 문장에 온 정성을 쏟는다.
4. 성실과 정확을 생명으로 삼고 일한다.
5. 긍정적이며 적극적인 신앙과 신행일치에의 안내자의 사명을 다한다.
6. 충고와 조언을 항상 감사로 경청한다.
7. 지상목표는 문서선교에 있다.

하나님을 사랑하는 자 곧 그의 뜻대로 부르심을 입은 자들에게는 모든 것이 合力하여 善을 이루느니라(롬 8:28)

ecpa Member of the Evangelical Christian Publishers Association

규장은 문서를 통해 복음전파와 신앙교육에 주력하는 국제적 출판사들의 협의체인 복음주의출판협회(E.C.P.A:Evangelical Christian Publishers Association)의 출판정신에 동참하는 회원(Associate Member)입니다.